DIE WUTBANANE

Susanne Boetsch
Frankfurt am Main, Deutschland

Chunhua Chen
Offenbach am Main,Deutschland

Vermerk: Um den Lesefluss nicht zu beeinträchtigen wird in diesem Buch entweder nur die männliche Form oder nur die weibliche Form genannt, stets sind aber alle Geschlechter gleichermaßen mitgemeint.

ISBN 978-3-658-28574-6   ISBN 978-3-658-28575-3 (eBook)
DOI 10.1007/978-3-658-28575-3

Die Deutsche Nationalbibliothek verzeichnet diese Publikation in der Deutschen Nationalbibliografie; detaillierte bibliografische Daten sind im Internet über http://dnb.d-nb.de abrufbar.

Springer

Planung: Barbara Janson/Lektorat: Jan Treibel
Springer ist ein Imprint der eingetragenen Gesellschaft Springer Fachmedien Wiesbaden GmbH und ist ein Teil von Springer Nature.
Die Anschrift der Gesellschaft ist Abraham-Lincoln-Str. 46, 65189 Wiesbaden, Gemany

DIE WUTBANANE

Eine Geschichte von Susanne Boetsch
Illustriert von Chunhua Chen

Schon wieder Regen! Und das in den Ferien.

Ida hatte sich so darauf gefreut. Auf ihre ersten großen Ferien.

Vor allem, weil sie danach keine Erstklässlerin mehr sein würde.

Minis, so nannten sie die älteren Schüler.

Nach den Ferien wären die neuen Erstklässler die Minis
und Ida schon in der zweiten Klasse.

Aber bis dahin würden noch viele langweilige Regentage vergehen.

Die Ferien hatten heute erst begonnen.

Idas Mutter kam vom Einkaufen aus dem Supermarkt zurück.
„Ida, komm in die Küche. Ich habe Obst gekauft.
Wir können Obstsalat mit Honig machen,
das isst du doch gerne!"

Ja, Obstsalat mit Honig war echt lecker.
Ida flitzte begeistert in die Küche.
„Fang doch schon mal an die Mandarinen zu schälen",
meinte die Mutter und drückte ihr drei Früchte in die Hand.
„Ich schneide dann alles und du darfst den Honig reinkippen."
Ida nickte und pulte fleißig die Schale von den Mandarinen.
Da klingelte das Telefon.

Idas Mutter ging ins Wohnzimmer, nahm den Hörer ab
und rief freudig: „Elsa, das ist aber schön, dass du anrufst."

Ida stöhnte innerlich auf.

Elsa, Mamas beste Freundin – das konnte Stunden dauern!

Jetzt hatte sie keine Lust mehr die Mandarinen zu schälen

und warf sie wütend in die Obstschale zurück.

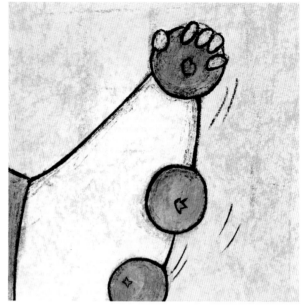

„Aua!",

tönte es aus der Obstschale.

Zumindest hörte es sich wie ein ‚Aua' an.

Ida starrte verwundert auf das Obst,

nahm eine Mandarine aus der Schale

und warf sie erneut hinein.

„Aua!",

ertönte es wieder aus der Schale.

Ida konnte es nicht fassen!

Hatte das etwa die kleine dicke Banane gesagt,

die obenauf lag?

Aber das konnte doch nicht sein!

Obst kann nicht sprechen!

Sie musste sich geirrt haben.

Ida nahm die Mandarine,

die nun leise zu wimmern schien,

nochmal aus der Schale und warf sie wieder zurück.

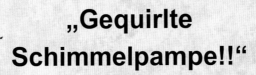

„Gequirlte Schimmelpampe!!"

– ertönte es verärgert aus der Schale und es schien, als würde sich der braune Fleck auf der Banane heftig hin- und herbewegen.

War das jetzt eine Banane oder ein Tier,
das wie eine Banane aussah?
„Bist du eine Banane?", fragte Ida in den
Obstkorb. „Was sollte ich sonst sein? Ein
Fisch? Ein Kleiderbügel?" entgegnete die
Banane schnippisch.

„Bananen können nicht sprechen",
sagte Ida bestimmt.
Die Banane kicherte. „Woher weißt du das?
Hast du dich schon mal mit einer unterhalten?"
In der Tat, das hatte Ida noch nie.
Aber normal war das für eine Banane nicht,
dass sie reden konnte, da war sich Ida sicher.
Es gab nur eine logische Erklärung:
„Du bist hochbegabt, nicht wahr?"

„Gequirlte Schimmelpampe!"

kreischte die Banane
und drehte sich genervt auf die Seite.

„Pst!

Nicht so laut! Wenn meine Mutter das hört,
isst sie dich sofort auf.
Sie mag keine Schimpfwörter!"

„Gequirlte Schimmelpampe!!",
wiederholte die Banane,
aber diesmal deutlich leiser,
fast flüsternd.

„Also meine Mutter und ich wollen einen Obstsalat machen."
„Hab' ich gehört!", krächzte die Banane,
„und meine Kumpels auch. Finden wir nicht gut.
Wir haben uns das anders vorgestellt."
„Aha! Und wie habt ihr euch das vorgestellt?",
wollte Ida wissen, die die Banane niedlich,
aber auch etwas frech fand.
„Wir wollen nicht in die Honigsauce reingelegt werden.
Ist uns viel zu glitschig ", erklärte ihr die Banane energisch
und stemmte die Hände fest in die Hüften.

„Das interessiert aber keinen. Ihr seid Obst.
Ihr habt keine Regierung, die eure Interessen
vertritt und sich darum kümmert, wenn es
Streit mit anderen Staaten gibt."
„Wer sagt, dass wir keine Regierung haben?",
fragte die Banane schnippisch.
„Ach, habt ihr eine?", meinte Ida verwundert.
„Nö! Aber können wir doch machen, so eine
Regierung. Was braucht man dazu?"
„Also erstmal braucht ihr Leute, die in einem
bestimmten Raum zusammenleben."
„Schon da!", rief die Banane und zeigte auf
das Obst im Korb, das zustimmend mit den
Stängeln wackelte.

„Dann braucht ihr noch eine Regierung.
Also Leute, die Regeln aufstellen. Den
Chef eurer Regierung nennt ihr dann
Kanzler oder Präsident."
„Schon da!" meinte die Banane und
zeigte auf sich.
„Moment!", entrüstete sich die Traube.
„Das kannst du doch nicht einfach allein
entscheiden!"
Die Banane verdrehte genervt die
braunen Stellen auf ihrer Schale. „Wer
soll denn hier sonst den Chef machen?"

„Die Birne", antwortete
der grüne Apfel. „Die ist
sehr reif und weiß eine
Menge."

„Gequirlte Schimmelpampe!!",
raunzte die Banane den Apfel
an. „Die alte Matschebirne fällt
ja schon zusammen, wenn
einer laut die Tür zuknallt!"

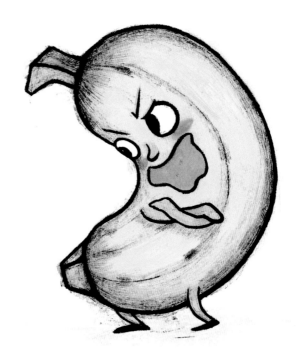

„Ich habe eine sehr
schöne Schale
und sollte deshalb
Obstkanzlerin
werden", rief die
kleine Mandarine.

„Der Apfel hat einen
guten Kern", betonte
die Birne. „Das ist
wichtiger als eine
polierte Schale."

„Die Birne, die Mandarine,
der Apfel und die Banane
können doch zusammen
regieren!", warf die
Aprikose ein. „Ida hat
doch vorhin gesagt, dass
mehrere Leute in einer
Regierung sind!"

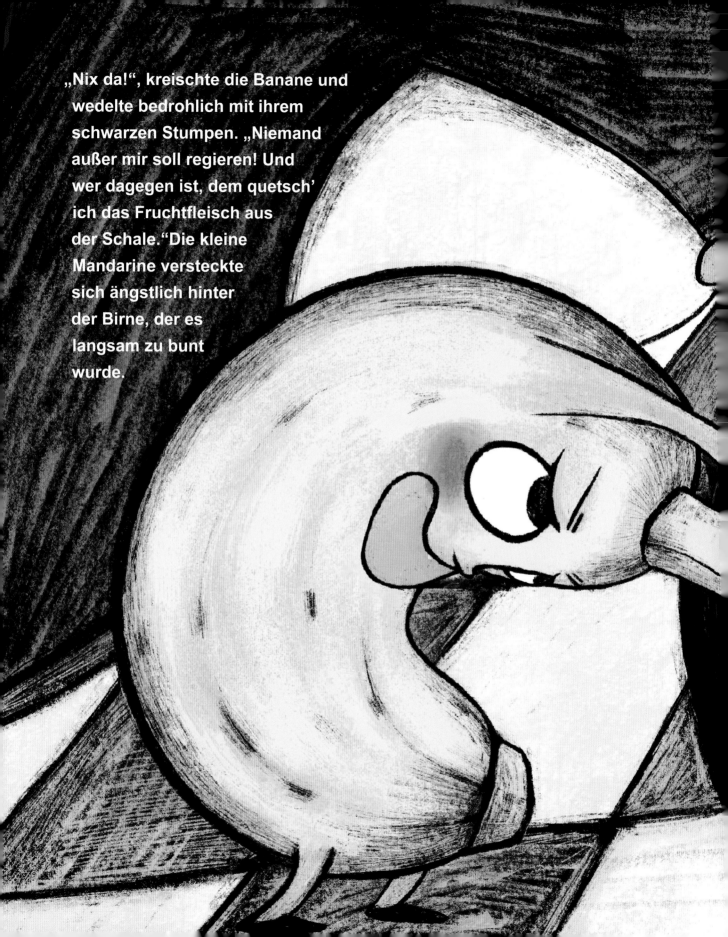

„Nix da!", kreischte die Banane und wedelte bedrohlich mit ihrem schwarzen Stumpen. „Niemand außer mir soll regieren! Und wer dagegen ist, dem quetsch' ich das Fruchtfleisch aus der Schale."Die kleine Mandarine versteckte sich ängstlich hinter der Birne, der es langsam zu bunt wurde.

„Das nennt man übrigens Diktatur! Wenn jemand
der einzige Chef sein will und dabei alle, die das
nicht wollen, mit Gewalt unterdrückt. Das endet
meistens mit einem Aufstand der Bevölkerung
und der Diktator wird aus dem Obstkorb
vertrieben. Überleg's dir also gut, Banane!"
„Na gut", lenkte die Banane ein, „dann bin ich
halt kein Chef."
„Brauchen wir denn überhaupt eine Regierung
oder einen Chef?", fragte eine noch etwas grüne
Erdbeere zögerlich. „Geht es nicht auch ohne?"

„Wenn es gar niemanden gibt,
der über euch bestimmt, dann habt ihr,
glaube ich, eine Anarchie",
flüsterte Ida der Banane ins Ohr.
„Super!", rief die Banane,
„wir machen eine Banarchie!"
„Was ist das, eine Banarchie?",
wollte die Mandarine wissen.
„Das heißt, dass alle Bananen
machen können,
was sie wollen und sich
an keine Regeln
halten müssen."
Erklärte ihr die
Banane, während
sie sich auf dem
Rücken liegend wild
umherdrehte.

„Und die anderen?"
„Die schon. Deshalb heißt es ja Banarchie,
 weil das nur für Bananen gilt."

„Für wie dumm hältst du uns, du Bananen-Grünschnabel!"
widersprach die Kaktusfeige sehr energisch. „Das heißt Anarchie
und bedeutet, dass alle machen dürfen, was sie wollen."

„Voll krass",

rief die dicke Weinrebe und
schüttelte sich so lange bis einige Trauben wie kleine
Geschosse wild im Obstkorb umherflogen.

„Anarchie ist cool!"

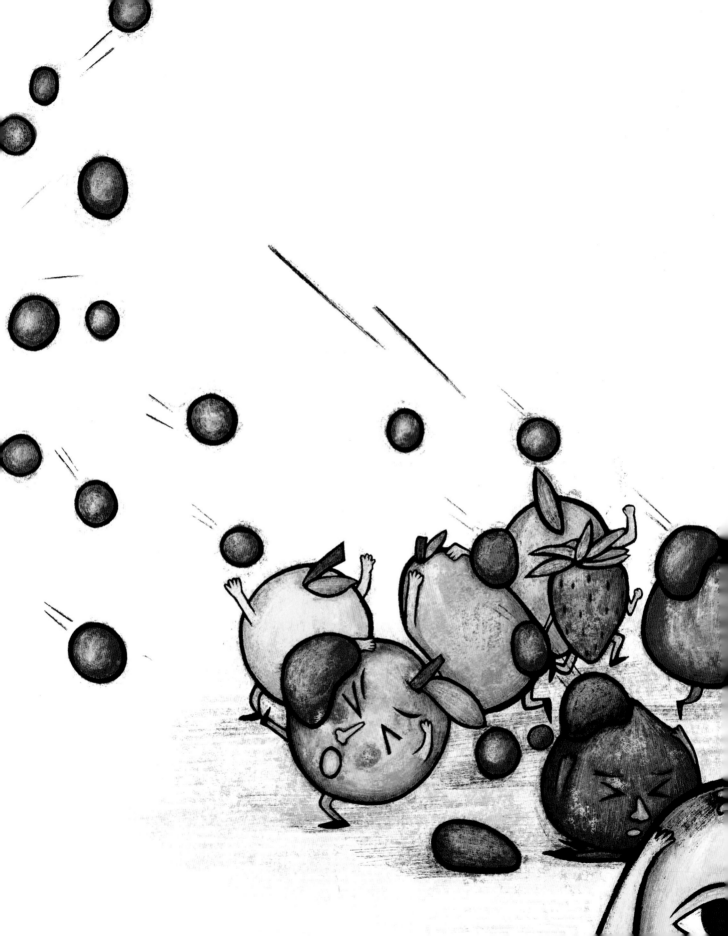

„Du machst meine Schale schmutzig",
beschwerte sich die kleine Mandarine,
die von einer Traube getroffen wurde.
Die Feige versuchte sich erfolglos
wegzuducken und die schon etwas
betagte Birne schüttelte fassungslos
die Fruchtfliegen, die sich auf ihren
braunen Altersflecken niedergelassen
hatten, vom Kopf. Es ging drunter
und drüber im Obstkorb – bis die
Obstfetzen flogen.

„Stopp! Sofort aufhören!", befahl
die reife Birne und packte die
Traubenrebe am Stängel.

„Na gut, Matschebirne", lenkte die
Traube ein. „Dann wählen wir eben
eine Regierung. Gibt es dafür auch
einen Namen? Wenn man die Chefs
wählen darf?"

Ida nickte. „Das heißt Demokratie.
Jeder aus der Bevölkerung darf wählen
und kann sich wählen lassen."
„Wählt mich!" rief die Banane lautstark
in den Obstkorb hinein. „Wenn ihr
mich wählt, dann putz ich
jedem von euch den
Schimmel von der
Schale bis ihr so
wunderschön
glänzt wie
ich."

„Du glänzt ja gar nicht!", rief die Mandarine empört. „Bevor du Wahlkampf machst und schöne Sachen versprichst", unterbrach Ida die Banane lachend, „denk drüber nach, ob du auch wirklich halten kannst, was du versprichst!"

„Ich muss aber Chef werden, unbedingt. Weil ich
immer alles besser weiß als die anderen. Deshalb
sollte nur ich alles entscheiden dürfen," rief die
Banane und hüpfte aufgeregt hin und her.
Ida schüttelte den Kopf. „In der Demokratie
entscheiden die, die gewählt wurden, gemeinsam."
„Gequirlte Schimmelpampe!", murmelte die Banane,
aber dachte kurz nach. „Na ja, gemeinsam
macht es vielleicht mehr Spaß. Ja, lasst uns
wählen! Wie machen wir das, Ida?"
„Am besten, jeder schreibt auf einen Zettel,
welches Obst regieren soll. Die drei Namen,
die am meisten Stimmen haben,
kommen dann in die Regierung."

Da das Obst nicht schreiben konnte, malte es einfach das Obst, das es wählen wollte, auf ein Blatt Papier. Dann verkündete Ida das Ergebnis: „Der Apfel, die Birne und die Banane wurden zur Regierung des Obstkorbes gewählt. Die Banane hat die meisten Stimmen und wird daher Regierungschefin."

Die Banane drehte sich vor Freude wild auf dem Rücken umher. „Danke, dass ihr mich gewählt habt! Ihr werdet es nicht bereuen, denn ich bin ziemlich toll. Also, natürlich nur mit Birne und Apfel zusammen. Und mit euch allen anderen im Rücken.

Und jetzt fordern wir das Menschenvolk auf, uns nicht mehr in Honigsauce einzulegen! – Ida, übermittle deiner Mutter, dass jetzt Schluss ist mit Honig! Das lassen wir nicht mehr mit uns machen!"

Ida war baff. Sie hatte dem Obst erklärt, wie es seine Interessen durchsetzen konnte, und nun versuchte es das wirklich. Jetzt musste nur noch ihre Mutter den Wunsch des Obstvolks respektieren. Und als könnte Idas Mutter Gedanken lesen, öffnete sich die Küchentür und Idas Mutter kam herein.

„Das Obst ist ja noch gar nicht geschält!", stellte sie überrascht fest.

Idas Herz pochte vor Aufregung.
Sie wollte dem Obst helfen,
aber wie sollte sie es ihrer Mutter erklären?
Da platzte es einfach aus ihr heraus:
„Mama, können wir bitte auf den Honig
verzichten?"
„Aber du liebst doch Honig",
erwiderte Idas Mutter verwundert.
„Und er ist auch viel gesünder als Zucker."
„Ja, aber das Obst ist süß genug
und klebt dann auch nicht so.
Außerdem mag die Banane ihn nicht."
Ida Mutter lachte herzhaft.
„Süß genug ist das Obst wirklich.
Und wenn die Banane ihn nicht mag,
dann lassen wir den Honig eben weg!"

Im Obstkorb brach ordentlich Jubel aus.
Die Banane wurde begeistert gefeiert.

„Aber jetzt schnell Obstsalat,
bevor ich zu alt für die
Sache werde und im Müll
lande", brummte die Birne
und schüttelte sich ein paar
Fruchtfliegen von der Schale.

Hier ein kurzer Überblick über die beiden Staatsformen und die Anarchie, die ihr im Buch kennengelernt habt.

Demokratie:

Demokratie heißt wörtlich Herrschaft des Volkes. Das bedeutet, dass die Menschen in einem Land zusammen mitbestimmen können, wer die Chefin der Regierung sein wird. Deshalb wird die Chefin und weitere Vertreter vom Volk gewählt und diese vertreten dann die Interessen der Menschen. In Deutschland wählen wir unsere Vertreterinnen, die in unserem Auftrag den die Chefin wählen. Sie entscheidet zusammen mit den anderen Vertretern über Regeln, an die sich die Menschen in einem Land halten müssen. Diese Regeln nennt man Gesetze.

Diktatur:

In einer Diktatur entscheidet ein Mensch oder nur eine bestimmte Gruppe von Menschen über die Gesetze in einem Land. Die Menschen haben kein Recht auf Mitbestimmung. Ein Diktator wird in den meisten Fällen nicht frei und geheim gewählt, sondern bekommt durch Anwendung von Gewalt die Macht über ein Land. Die Menschen in diesem Land können nicht entscheiden, wer die Chefin der Regierung sein wird, da in der Regel nur eine Person zur Auswahl steht.

Anarchie:

In einer Anarchie gibt es keine Regierung die die Regeln für andere macht. Das heißt es gibt keine Gesetze, an die sich die Menschen halten müssen. Jeder Mensch kann das tun, was er für richtig hält. Da es jedoch keinen Schutz für Schwache und Minderheiten gibt, besteht die Gefahr, dass sich immer der Stärkste durchsetzt. Was denkt ihr?

Natürlich gibt es noch ganz viele weitere Staatsformen, frag doch mal deine Eltern oder deinen Lehrer oder deine Lehrerin danach.

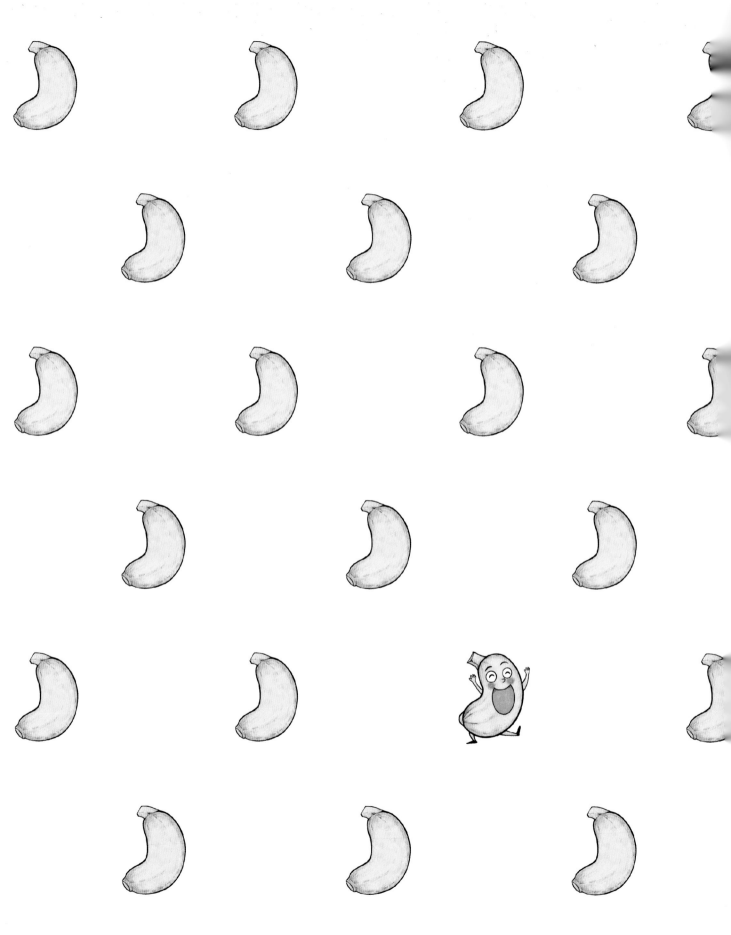